Erwin Müller-Reimann (1944), Studien in Philosophie und Mathematik. Langjährige Führungserfahrung im Mittel- und Topmanagement sowie als Dozent an Fachhochschulen. Spielt seit drei Jahrzehnten Golf.

AF204394

Erwin Müller-Reimann

Dem Golfspiel und den Golfern auf der Spur

Sportphilosophische
Gedankensplitter für den Golf-Alltag

 tredition®

© 2015 Erwin Müller-Reimann
Umschlag: Rosmarie Müller-Reimann
Korrektorat: Sarganserländer Druck AG

Verlag: tredition GmbH, Hamburg

ISBN: 978-3-7323-4334-8

Printed in Germany

Bibliografische Informationen der Deutschen Nationalbibliothek: Die Deutsche Nationalbibliothek ver-
zeichnet diese Publikation in der Deutschen National-
bibliografie; detaillierte bibliografische Daten sind im
Internet über http://dnb.d-nb.de abrufbar.

Inhalt

Kein Sieger glaubt an den Zufall.

(Friedrich Nietzsche, 1844–1900,
deutscher Philologe und Philosoph)

Vorwort

Ein kurzer Blick auf die Golfliteratur zeigt, dass über Golfer und das Golfspiel eher selten «philosophiert» wird. Ergo drängt sich die Idee auf, diese (mutmassliche) Lücke mit ein paar (sport-)philosophischen Gedanken etwas «auszufüllen». Golf wird häufig als mystische Sportart glorifiziert, als ein Spiel, das unter anderem zu Disziplin, Ehrlichkeit und Demut erzieht, ja der gelungene Golfschlag wird oftmals gar als Freude des Lebens verherrlicht usw., sodass es nachgerade geboten scheint, diese idealisierten Positionen auch mal kritisch zu hinterfragen.

Das vorliegende Büchlein lädt deshalb zu einer kleinen «Reise» ein, zu einer «kleinen Odyssee», die über sieben (sportphilosophische) Denkanstösse führt. Diese sind trivialerweise nicht mit den Abenteuern von Odysseus zu vergleichen, dennoch werden sie wohl da und dort ein paar «Stirnrunzeln» auslösen, wenn über das golferische «Mainstream-Verhalten» aufgeklärt-kritisch reflektiert wird oder wenn festgesetzte Meinungen etwas anders beleuchtet werden usw. Philosophieren (auch nur angdeutungsweise) muss schon ein wenig «unbequem» sein dürfen!

Wer niemals eine philosophische Anwandlung
gehabt hat, der geht durchs Leben
und ist wie in einem Gefängnis eingeschlossen.

(Bertrand Russell, 1872–1970, britischer Philosoph,
Mathematiker, Nobelpreisträger 1950)

Ein paar «Fingerzeige» zur (Sport-)Philosophie

Philosophie lässt sich heute als «Aufklärungs-
lehre» charakterisieren, sofern sie sich an wis-
senschaftlichen und evolutionsbedingten Er-
kenntnissen orientiert, frei von Dogmatismen
ist sowie interdisziplinär ausgerichtet und für
unser Denken und Handeln als Orientierung
nutzbar. Klassifikatorisch unterscheidet man in
der Philosophie zumeist zwischen traditionellen
Grunddisziplinen und sogenannten Bereichs-
disziplinen. Unter Letzteren subsumiert man
Rechtsphilosophie, Sozial- und Kulturphiloso-
phie und eben auch die Sportphilosophie wie andere mehr.

Der Sportphilosophie kommt nun leider, im
Gegensatz zur Sportmedizin und Sportwissen-
schaft, nur geringe Bedeutung bzw. Verbreitung

zu, was – angesichts der anstehenden gesellschaftlichen, werte- und normenmässigen Fragen und Probleme, vor allem im Bereich des Spitzensportes – zu bedauern ist, bleiben doch als Folge dieser wenigen bzw. fehlenden philosophischen Diskurse viele «auffrischende» und kritische Stimmen zu Spiel und Sport, zu gängigen (Sport-) Credos oder zum Breiten- und Leistungssport usw. ausgeblendet. Diese «Geringschätzung» der Sportphilosophie hat nicht zuletzt damit zu tun, dass auf dem «Marktplatz» philosophischer Argumentation noch viel zu oft jenes «Denkmuster» auszumachen ist, welches das «klassisch-traditionelle» Philosophieren nicht mit den vermeintlich «niederen» Bereichen des Sportes vermengt sehen will. Eine «Elfenbeinturm-Position», die heute, ohne Wenn und Aber, nicht mehr vertretbar ist. Deshalb ist einer pragmatischen, aufgeklärten Lebensphilosophie, die auch Spiel und Sport miteinschliesst, das Wort zu reden, hat philosophisches Reflektieren ja nur dann einen Sinn, wenn es uns im Gesamt des Alltags auch dienlich ist.

Sieben sportphilosophische Denkanstösse

Es ist nicht der Mensch, der das Spiel erfand.
Wohl aber ist es das Spiel, und nur das Spiel,
das den Menschen vollständig macht.

(Manfred Eigen, Jg. 1927,
deutscher Naturwissenschaftler, Nobelpreis 1967)

1. Der Mensch – ein Homo ludens, ein spielendes Wesen?

Im Kontext der biologischen Nomenklatur wird der Mensch als «Homo sapiens» bezeichnet, als der weise Mensch; der «Jetztmensch» gar als «Homo sapiens sapiens», als der besonders weise Mensch. Nebst dieser Bestimmungsart wird der Gattungsbegriff Mensch (Homo) noch durch viele andere Arten-Attribute typisiert, so unter anderem nach Fundorten (Beispiel: «Homo [erectus] pekinensis», der Peking-Mensch) oder nach differenzierenden Merkmalen.

Unter differenzierenden Merkmalen versteht man Eigenarten, die uns – so die Mutmassung – von den übrigen Primaten unterscheiden. Kriterien solcher Art haben bis dato zu einer Vielzahl an Artenbestimmungen geführt, die immer wieder den Anschein erweckt haben, den Menschen charakterisieren zu können. Klassische Beispiele dafür sind nebst dem «Homo socialis», dem «Homo intellectualis» usw. vor allem der «Homo faber», also der «handwerkende» Mensch, der Mensch als Macher oder der «Homo mensura», der Mensch als das «Mass der Dinge» oder wie es die Überlieferung des Sophisten Protagoras (480–410 v. u. Z.) zum Ausdruck bringt: «Der Mensch ist das Mass aller Dinge. Der seienden, dass sie sind, der nichtseienden, dass sie nicht sind.»

In dieser Aufreihung findet sich auch der «Homo ludens», also der spielende Mensch, eine Artenbestimmung, die auf den holländischen Kulturphilosophen und Historiker Johan Huizinga (1872–1945) zurückgeht. Huizinga erhob mit seinem «Homo-ludens-Modell» den Anspruch, dass das Spielerische und nur das Spielerische für den Menschen prägend sei. Damit stiess er jedoch auf heftige, teilweise unreflektierte Ablehnung, galt doch das Spielen zu seiner Zeit als ein unpassendes und daher auch nicht ernst zu nehmendes (Arten-)Attribut. Gleichwohl sei an dieser Stelle die Typisierung des Menschen als «Homo ludens», hinsichtlich ihrer Zutrefflichkeit, kurz zur Sprache gebracht.

Vorweg gesagt: Die Bejahung des Menschen als «Homo ludens» kann nicht hinreichend gestützt werden. Natürlich können Spiel, Sport und Wettkampf dazu beitragen, Persönlichkeits- bzw. Bedürfnisdefizite zu befriedigen, natürlich dienen Spiel und Sport der körperlichen, wenn nicht gar der psychophysischen Ertüchtigung, und ohne Frage ist ihre gesellschaftliche Bedeutung von hoher Relevanz, ja das Spielen lässt sich als Natur- und heute vor allem auch als Kulturphänomen, als Kulturfaktor begreifen, das zu uns gehört. Aber eben nicht nur zu uns, es ist kein typisches, charakterisierendes Merkmal, das nur uns eigen ist. Es liegt keine Spezifität vor. Das Spielen, das erkundigende Spielen ist auch bei vielen jungen (höheren) Tieren mehr oder minder Normalität, und selbst ältere Tiere sind dazu noch zu bewegen.

Das Spielerische vermag also nicht zu differenzieren, das Spielen stellt keine menschliche Besonderheit dar. Die Bestimmung des Menschen als «Homo ludens» muss deshalb – unabhängig der Tatsache, dass Menschen gerne und viel spielen bzw. Sport treiben – negiert werden. Das Spielen ist kein Arten-Attribut, das den Menschen zu typisieren vermag. Spielen und Sport treiben ist ein abgrenzbares «Verhalten», das durch eine

Vielzahl verschiedenster Motive bzw. individueller Bedürfnisdefizite oder Defizitkombinationen aktiviert wird. Bewegungsdrang, Leistung, Prestige, Image, Ruhm usw. sind Beispiele solcher Motive, deren Befriedigung jedoch auch durch ganz andere Verhaltensformen als durch Spiel und Sport erfolgen kann.

Nichtsdestotrotz dürfte die «Homo-ludens-These» bei manchen Golfenthusiasten, die das Golfspiel gerne etwas mystisch verklären, auf eine gewisse Zustimmung stossen, lässt sich doch darauf gestützt das Golfspiel leicht(er) idealisieren. Und hat nicht auch schon Friedrich Schiller (1759–1805) das Spielen im Allgemeinen verherrlicht, wenn er davon sprach, dass «der Mensch [nur] spielt […], wo er in voller Bedeutung des Wortes Mensch ist, und er ist nur da ganz Mensch, wo er spielt».

Man kann einen Menschen nichts lehren,
man kann ihm nur helfen,
es in sich selbst zu entdecken.

(Galileo Galilei, 1564–1642, italienischer
Philosoph, Mathematiker und Astronom)

2. Golf als Lebensschule: Fakt oder Wunschdenken?

Wäre der Mensch ein Homo ludens, ein spielendes Wesen, liessen sich Spiel und Sport, also auch das Golfspiel, wohl als Lebensschule für kollektivkonforme Verhaltensweisen wie zum Beispiel für diszipliniertes, faires und ehrliches Verhalten usw. deuten. Würde «das Spielen» den Menschen in der Tat typisieren, müsste folgerichtig davon ausgegangen werden, dass die lebens- und kollektiv- bzw. kulturrelevanten Verhaltensfähigkeiten massgeblich über «das Spielen» entwickelt würden, sodass die verbreitete Meinung, dass Golfspielen einer Lebensschule gleichkommt, für gewisse Verhaltensweisen durchaus plausibel wäre. Um das «Golfen» als Lebensschule deuten zu können, müssten also Verhaltensweisen wie zum Beispiel Selbstdisziplin, Respekt und Rücksichtnahme, Ehrlichkeit, konformes Verhalten bezüglich Regeln und Etikette-Vorgaben usw., wie sie im Golfspiel gelebt werden bzw. gelebt werden sollten, auch im Lebens- und Arbeitsalltag der Golfer «gespiegelt» vorzufinden sein.

Golfer, die dem «Spirit of the Game (of Golf)» nachkommen, mögen sehr wohl durch solcherart Verhaltensfähigkeiten charakterisierbar sein, aber nicht deshalb, weil ihnen das Golfspiel diese Fähigkeiten «beigebracht» hat, sondern weil ihnen solche Verhaltensmuster genuin sind, gewissermassen «in die Wiege» gelegt wurden. Darum sind die «Geschichten» und Erzählungen über das Golfspiel als Lebensschule, wie sie in der Literatur, in Vorworten von Golfzeitschriften und unter Golfern immer wieder kolportiert werden, wohl mehr Ausdruck der Faszination, die diesem Spiel zukommt, als das Ergebnis ernsthafter Reflexionen. Wird zur Verteidigung des Golfspiels als Lebensschule geltend gemacht, dass das Spiel natürlich nicht das Verhaltensgesamt unseres Lebensalltages anspricht, sondern nur für einige lebensrelevante Verhaltensweisen gilt, so muss bedacht werden, dass auch diese wenigen Verhaltensarten bei sehr vielen anderen Tätigkeiten und Aktivismen unseres Alltages wirkungsstärker gefordert und gefördert werden, als dies beim Golfspiel der Fall ist.

Gerade die Vielzahl solcher alltäglicher Tätigkeits- und Spielbereiche, die vergleichbare, kollektivkonforme Verhaltensformen einfordern, ohne deshalb Lebensschule sein zu wollen, relativieren eindrucksvoll die «lebensschulischen» Vorstellungen des Golfspiels. Zwei Beispiele mögen dies verdeutlichen. Ein erstes Beispiel lässt ans Autofahren denken, eine Aktivität, die tagtäglich ein hohes Mass an Disziplin, Selbstdisziplin, Rücksichtnahme usw. einfordert, will man weder sich noch andere gefährden oder bestraft werden. Ein anderes Beispiel ist die kontrollierte «Zurücknahme» des Eigennutzes, um in Teams des betrieblichen Alltags, in Sportmannschaften oder in anderen Gruppierungen als Teamplayer bzw. als Mannschaftsspieler «anzukommen». Damit wird «deutbar», dass die im Golfspiel erwarteten «Verhaltensmuster» wie Selbstdisziplin, Rücksichtnahme oder Achtung usw. in vielen anderen Alltagsaktivismen eines kultivierten Kollektivs beharrlicher eingefordert und gewichtiger gewertet werden als auf dem Golfplatz.

Und noch ein Argument, welches die Positionierung des Golfspiels als Lebensschule hinreichend verneinen lässt. Von Ausnahmen abgesehen, geht man davon aus, dass die Entwicklung grundsätzlicher Individualmerkmale, wie zum Beispiel die Entwicklung von Wahrnehmungsfähigkeiten, von instinktiven Verhaltensmustern, die Einprägung von Beziehungserfahrungen und von individuellen Verhaltenskompetenzen usw., schon im Kindesalter – also in jenen Jahren, wo unter anderem auch das freie, ungezwungene bzw. nicht belehrende Spiel zu den wichtigsten Entwicklungsmöglichkeiten eines Kindes mitzählt – lebensprägend stattfindet. Die individuellen Kernmerkmale unseres Verhaltens, die lebenslang (nach)wirken, werden im Wesentlichen bis zum Erwachsensein ausgebildet. Da nun der überwiegende Teil der Hobbygolfer Erwachsene im Alter von ca. 20 Jahren bis hin zum Rentenalter sind, bleiben demnach die Lernmöglichkeiten von Verhaltensmustern (via das Golfspiel) für das Gros der Golfer Wunschdenken. Sagt nicht auch schon das Sprichwort: «Was Hänschen nicht lernt, lernt Hans nimmermehr.»

Wissensaneignung, Lernen neuer Tätigkeiten, neuer Spiele und Sportarten usw. sind natürlich in jedem Alter möglich, nicht so aber die Anpassung oder Veränderung von Verhaltens- und Persönlichkeitsmerkmalen. Das Golfspiel, als Lebensschule gedacht, «zielt» ausschliesslich auf diese Verhaltensmerkmale und begreift sich als sportliche Plattform, die dem Einzelnen (bleibend) helfen kann, sein persönliches Verhalten – sowohl beim Golfen als auch ausserhalb des Golfplatzes – zu verbessern. Eine Position, die weitgehend illusionär ist, da Verhaltensprägungen bis zur Adoleszenz kaum mehr veränderbar sind. In einem Interview mit der NZZ (18.12.2010) hält der renommierte Hirnforscher Prof. Ernst Pöppel folgendes fest: «[...] einmal Geprägtes lässt sich nicht mehr umprägen. Sicherlich, wir können bis zum Lebensende lernen. Aber die Grundstruktur – das Vertrauen, das ich in der Welt habe, und die emotionale Prägung, wie sie Freud beschrieben hat – da gibt es meines Erachtens keinen Weg zurück. [...] Die orthodoxe Psychoanalyse ist deshalb fehlgeschlagen, weil sie davon ausging, man könne Menschen umprägen.»

Jeder Handlung liegt ein Mosaik von Motiven zugrunde, ohne dass wir zu erkennen vermöchten, aus wie viel Egoismus, Eitelkeit, Stolz, Furcht, Nächstenliebe etc. es zusammengesetzt ist.

(Paul Rée, 1849–1901,
deutscher Philosoph und Arzt)

3. Motive, die beim Golfen fehl am Platz sind

Der US-Schriftsteller John Updike (1932–2009) schrieb (sinngemäss übersetzt) in «The New Yorker» 1972: «Golf ist die mystischste aller Sportarten, die am wenigsten erdgebundene, es ist die Sportart, wo die Mauern zwischen uns und dem Übernatürlichen am durchlässigsten sind.» Wie auch immer dieses Statement verstanden werden soll, eine phrasenhafte, mystische Verklärung des Golfspieles ist der «Spruch» allemal. Lassen wir deshalb diese «Überschreitung» der sinnlich erfahrbaren Welt einfach so stehen und wenden wir uns den «erdgebundenen» Motiven zu, die Golfer zum Golfspiel drängen, denn man spielt ja nicht Golf, um Metaphysisches zu erleben.

Unser Handeln, und so auch das Golfen, wird von einem «mentalen Komplex» angeborener, entwicklungs- und kulturell bedingter Motive «angetrieben». Bedürfnisse bzw. Motive, die uns antreiben, sind per definitionem defizitär bzw. Mangelzustände. Sie verbleiben so lange in diesem Zustand, bis das Bedürfnis, sofern überhaupt möglich, mehr oder minder befriedigt ist. Das Empfinden eines Mangels erklärt sich als Differenz zwischen dem gegebenen IST-Zustand und dem WUNSCH-Zustand eines Individual- oder Kollektivbedürfnisses. Und es ist nun nichts anderes als diese Differenz, die uns antreibt, etwas zu unternehmen bzw. aktiv zu werden, um die IST-/WUNSCH-Diskrepanz zu schliessen. Dieser Prozess, der in etwa einem «Regelkreis» gleichkommt und das Gesamt der (psychophysischen) Bedürfnis-Interaktionen einschliesst, ist das, was gemeinhin als Motivation bezeichnet wird.

Natürlich ist der Motivationsprozess komplexer als eben durch diesen Regelkreis angedeutet. So weiss man zum Beispiel viel zu wenig darüber, wie die mentalen (geistigen, psychischen) Funktionen an neuronale Strukturen gebunden sind und wodurch sie bewirkt werden oder wie ihre Kombinations- und Vernetzungsvielfalt aussieht usw., um für ein bestimmtes Verhalten die motivationalen Beweggründe rasch erkennen oder «ausfindig» machen zu können. Erschwerend kommt noch hinzu, dass auch vermeintlich Erkanntes nicht gewiss ist. Unsere Erkenntnisse gelten – infolge ihrer Zirkularität – nur als wahrscheinlich; das Unbewusste dominiert und ist nicht kontrollierbar.

Gleichwohl sollen in der Folge – im Kontext dieses Regelkreises – nebst dem Hinweis auf «alltägliche», einfache Motive, die viele zum Golfspiel «verführen», auch einige unangenehme, übersteigerte bzw. problematische Verhaltensmuster und ihre «verdeckten, vermutbaren» Bedürfnisdefizite kurz thematisiert werden, steht doch eigennütziges, negatives Verhalten usw. im Kontra zur Golfetikette, sodass solchem Getue (situativ angepasst) entgegenzutreten ist. Dieses Entgegentreten beginnt mit nichts anderem als mit adäquatem Erfassen und Verstehen des hier skizzierten IST-/WUNSCH-Konstruktes, muss doch – bei einer Verhaltensbeurteilung – als Erstes schon ein wenig unter die «Oberfläche der Dinge» geschaut werden.

Nun, die Verbesserung der Fitness ist sicherlich kein erstrangiges Motiv, das zum Golfspiel hinführt. Nichtsdestotrotz ist der «Spaziergang» über 18 Löcher (gerade für ältere Golfer) ein körperliches Bewegungsverhalten, das durchaus gesundheitswirksam sein kann und deshalb für viele einen zentralen Anreiz darstellt, Golf zu spielen. Kann die Golfrunde noch zusätzlich in einem angenehmen Flight, bei schönem Wetter und guter Luft, auf einem «traumhaften» Golfplatz mit alten Baumbeständen und inmitten von Bergen oder mit Seesicht usw. gespielt werden, ist dies zumeist ein schöner und geselliger Anlass, der viele kleine, unspektakuläre und weitverbreitete Bedürfnisse des Einzelnen zufriedenstellen kann und so Grund genug ist, dem Golfspiel zu frönen.

So weit, so gut, gäbe es nicht noch die anderen Individual- und Kollektivbedürfnisse, die während und nach einer «Runde» oft für Verstimmung und Frust sorgen. Bedürfnisdefizite, worunter der Einzelne allenfalls gar leidet, sind (schlussfolgernd) nach aussen verdeckte IST-/WUNSCH-Diskrepanzen, die nur indirekt – durch entsprechendes Verhalten, durch entsprechende Aktivitäten – offenbar werden oder sich zumindest erahnen lassen. Verhaltensaktivismen, die die eigentlichen Bedürfnisse verdecken, sind stets anzutreffen und finden sich in allen gesellschaftlichen, gemeinschaftlichen Beziehungen unseres Alltages, so auch auf dem Golfplatz, im Golfclub, im Clubrestaurant oder wo auch immer. In problematischer Form äussern sie sich in der Regel in (übertriebenem) Ehrgeiz und Verbissenheit, in egoistischem und narzisstischem Getue, in einer Nabelschau des «Ich», in Eitelkeit, Dilettantismus und in weiteren «psychophysischen Wehwehchen».

Dem Regelkreis folgend, korrelieren Verhaltens-aktivismen und IST-/WUNSCH-Defizite mitei-nander. Die Defizite, also die Ursachen, liegen (wie erwähnt) häufig im «Dunkeln» und können nur über das beobachtete Verhalten «entlarvt» werden. Den problematischen Verhaltensformen liegen zumeist vielfältige Bedürfnisdefizite und Defizitkombinationen zugrunde, weshalb sie an dieser Stelle auch nur summarisch angedeutet werden können. Ursachen, die sich hinter den oben erwähnten Verhaltensformen «verstecken», finden sich unter anderem im Manko an Aner-kennung, Wertschätzung oder Akzeptanz, im Fehlen an Beachtung und Ansehen, im Streben nach mehr Geltung und einem besseren Image, oder sie können durch den Wunsch nach mehr Selbstbewusstsein oder um Minderwertigkeits-gefühle zu kaschieren usw. erklärt werden, wie durch vieles andere mehr.

Ein Beispiel möge Gesagtes noch ein wenig kon-kretisieren. Akzeptanz-, Beachtungs- oder Gel-tungsdefizite äussern sich verhaltensbezogen unter anderem durch Verbissenheit und durch Drängeleien – die zumeist als auffälliges und störendes (im Vordergrund) Quengeln offen-bar werden –, durch ständige Belehrungen und Kommentierungen auf der Runde, ja gar durch Rücksichtslosigkeit im Spielverhalten bis hin zur Notierung einer falschen Schlagzahl usw., um obsiegen oder um das Handicap schnellst-

möglich verbessern zu können. Ein Verhaltens-
beispiel, das – stellvertretend für vergleichbare
Defizit- und «Benimmmuster» – aufzeigen soll,
dass übersteigertes Verhalten für Hobbygolfer
fehl am Platz ist und dass solch deplatziertes Be-
nehmen gegen die Golfetikette und den «Spirit
of Golf» verstösst sowie «last, but not least» auch
den Spass und die Freude am Golfspiel vergällen
kann.

Entweder die Ethik liefert universale Normen,
verfehlt dann aber die Lebenswirklichkeit,
oder sie wird dieser gerecht, dann gelingen ihr aber
keine allgemein verbindlichen Aussagen.

(Ferdinand Fellmann, Jg. 1939,
deutscher Philosoph)

4. Golfethik, Etikette und Regeln

In der Übersetzung der R&A Rules Limited (offizielle Golfregeln 2012–2015) ist im Regelabschnitt III Folgendes nachzulesen: «Golf spielen ist, einen Ball mit einem Schläger durch einen Schlag oder aufeinander folgende Schläge in Übereinstimmung mit den Regeln vom Abschlag in das Loch zu spielen.» Das Golfspiel muss also, wie allen bekannt, in Übereinstimmung mit den Vorgaben erfolgen. Die jeweils aktuellen Regeln und die Etikette, also die Richtlinien für das Verhalten auf dem Platz, müssen ohne Wenn und Aber eingehalten werden. Diese triviale Anmerkung ist – ihrer Binsenweisheit zum Trotz – vertretbar, muss doch heute eingeräumt werden, dass Etikette und Regeln zunehmend vernachlässigt werden. Weniger selbstverständlich, wenn nicht gar diffus, ist hingegen der immer wiederkehrende Bezug zu «Ethik und Moral» im Kontext der Einhaltung von Golfregeln und Etikette. Gemeint ist die gängige Ansicht, dass dem Golfspiel ethische Aspekte (eine «Minima Moralia») eigen sind, die anderen Sport- und Spielarten abgehen. Eine Ansicht, die wohl zur Prägung des sich ausbreitenden Begriffs «Golfethik» geführt hat und mutmasslich auch vom aktuellen «Ethikboom» angestachelt wurde.

Wo nun auch immer Golfer über «Golfethik» plaudern, darf angenommen werden, dass sie Ethik grosso modo so verstehen, wie Ethik üblicherweise im praktischen Alltag gedeutet wird. Da in concreto jedoch eine Vielzahl an Ethikströmungen und Ethikrichtungen den «sittlichen Weg» säumen, kann nicht von einer einvernehmlichen Ethik gesprochen werden. Ein Faktum, das im Rahmen des Common-sense-Verständnissses von Ethik selten wahrgenommen oder gar reflektiert wird. Es scheint einfacher und für das «Gemüt» weniger belastender zu sein, absolut behauptete, moralische Verpflichtungen und Dogmata unkritisch zu akzeptieren, als diese zu hinterfragen. So mögen die folgenden, kurz gefassten Hinweise und Folgerungen zu Ethik, Werten und Normen auch als «Anregung» verstanden werden, mal kritisch ein wenig über (Golf-)Ethik nachzudenken.

«Allgemeine Ethik» lässt sich unter anderem so deuten, dass sie, via verschiedene «Sichten», moralische (sittliche) Verhaltensprobleme bewusst zu machen versucht. Eine solche Sicht kann zum Beispiel deskriptiver (beschreibender) Art sein, sie kann präskriptiv (vorschreibend) oder metaethischer Art sein, was dann zutrifft, wenn zum Beispiel Fragen nach objektiver Gültigkeit ethischer Forderungen interessieren. Ethik im Alltags(sprach)gebrauch meint (fast) immer die präskriptive Sicht, eine Sicht, die auch als normative Ethik oder als Soll(ens)ethik bezeichnet wird.

Die Sollensethik gibt uns vor, wie zu leben ist, was man tun soll bzw. wie man sich (richtig) zu verhalten hat. Je nachdem, welche Orientierungen oder Motivationen (religiöse, emotivistische bzw. emotionale, soziale Motive usw.) einer solchen Ethik zugrunde liegen, wird natürlich auch «ihr Sollen» different, das heisst orientierungs- bzw. motivationskonform festgelegt. Das «Sollgesamt» einer solchen präskriptiven Ethik kann unter Umständen durchaus stimmig sein, nur fehlt den Sollvorgaben die (absolute) Gewissheit; zudem sind solch sittliche Soll-Konstrukte (Tun-Sollen) per se unwissenschaftlich. Gleichwohl erheben Sollensethiken den Anspruch auf Wahrheit, auf unbedingte Gültigkeit. Ein Anspruch, der zu den bekannten Problemen (soll)ethischer Entwürfe bzw. von Idealismen hinführt und der, wie uns ein kurzer Blick in die konfliktbeladene

Geschichtsschreibung zeigt (vom Zwist über den Terror bis hin zum Krieg), alles bewirken kann.

Andere (auch) ethiknahe Begriffe sind Werte und Normen. Unter Werten lassen sich erstrebenswerte «Wegweiser» wie zum Beispiel Fairness, Achtung, Ehrlichkeit, Verantwortung usw. verstehen. Sie regeln (mit Hilfe von Normen) die Beziehungen zu ihren Bezugsbereichen und sind alltagsbezogen zumeist sozialer Art. Im Kontext der Sollensethik ist der Wert das, was sittlich «gesollt» wird. Normen dagegen sind (konkrete) Regeln, die in Beziehung zu den Werten stehen und vor allem handlungsspezifisch und vorschreibend ausgerichtet sind. Sie können moralischer wie auch nicht moralischer Art sein.

Was lässt sich nun hinsichtlich der Golfethik aus diesen Betrachtungen folgern? Kurz und bündig gesagt: Der Begriff «Golfethik» ist fehl am Platz. Ethik stellt (alltagssprachlich) den Menschen als sittliches Wesen in den Fokus, und dieser hat sich dem (sittlichen) «Sollen» anzupassen. Nach gängigem Ethikverständnis gilt dieses «Tun-Sollen» als (absolut) verbindlich, unabhängig der Tatsache, dass diese «verbindlichen Vorgaben» stets mit lebens- und praxisnahen Aspekten der Seins-Ordnung «kollidieren» bzw. mit aktuellen und aufgeklärten Wertevorstellungen und Normen häufig nicht in Einklang zu bringen sind. Das Ethikgesamt ist in seiner ganzen Vielfalt des «So-sein-Sollens», des «So-sein-Wollens», im Versuch, unsern natürlichen Neigungen zu entsprechen oder ihnen entgegenzuwirken, im Versuch, zeitgemässe Werte umzuwerten usw., derart komplex, dass jegliches Unterfangen, Ethik trivialisieren zu wollen – wofür Golfethik als Beispiel steht –, deplatziert ist, ungeachtet dessen, ob Ethik dogmatisch oder aufgeklärt interpretiert wird. Diese inhaltlich-komplexe, ja schon fast «grenzenlose» Spannweite ethischer Belange scheint (so auch für den Golfsport) ein geeigneter Fundus zu sein, um eine «Minima Moralia» zu finden, oder «überspitzt» gesagt, um so zu tun, wie wenn Golfregeln und Golfetikette sittlich nützliche Vorgaben wären.

Am Beispiel der Fairness möge das Gemeinte (bedingt) veranschaulicht werden, wird doch Fairness zumeist als moralischer Wert verstanden. Ein solcher Wert kann Fairness aber nur dann sein, wenn dieser Wert in einem Wertesystem eingebunden ist, das sittliche Vorgaben konkretisiert, wenn Fairness Element eines Wertesystems ist, das Richtigkeit oder Unrichtigkeit von Verhaltensmustern nicht nur nach sachlichen Kriterien, sondern auch nach solchen sittlicher Art, also nach Aspekten von Würdigkeit, nach solchen des sozialen und individuellen Wohlergehens, der Güte und Glückseligkeit usw. beurteilt, oder wo Handlungsvorgaben danach bewertet werden, ob sie andere Personen fördern oder schädigen wie dergleichen mehr. Fairness ist (in diesem ethikrelevanten Sinne) weder aus Golfregeln noch Etikette-Vorgaben ableitbar, noch ist Fairness golfspezifisch, weshalb es ratsam scheint, auch bezüglich Golfethik auf «dem Boden» zu bleiben. Kultiviertes Verhalten wie Anstand, Respekt usw. sind Umgangsformen, die man auf dem Golfplatz mitbringen muss und nicht erst dort erlernen kann.

Werden Spielregeln befolgt und die Golfetikette eingehalten, wird dies im «Golfer-Alltag» zumeist mit Fairness assoziiert. Solcherart Fairness ist unabdingbar, sie stellt einen gewichtigen Sport- oder Spielwert dar, ist – in diesem Sportkontext – aber kein moralischer Wert. Golfregeln und Etikette dienen in erster Linie dem Golfer und dem Golfspiel, sie dienen weder ethischen noch sozialen noch anderen Interessen. Sie sind auf das individuelle Spiel fokussiert und nicht auf andere Personen (beeinflussend) ausgerichtet und sind nur während des Golfspiels von Relevanz, ausserhalb des Golfspieles haben sie keine Bedeutung mehr. Golfregeln und Etikette sind daher sportkultureller Art und finden ihren Sinn in der positiven Verwirklichung dieser Sportkultur. Sie gehen nicht darüber hinaus, ihnen haftet lediglich golfsportbezogene Pflichtigkeit an und nicht mehr, alles andere ist und wäre realitätsfremd.

Der Geist ist eine Funktion des
Zentralnervensystems, die erst auf einem
gewissen Evolutionsniveau entsteht. Psychische,
mentale, bewusste Zustände und Prozesse sind
Zustände und Prozesse von Neuronen,
Neuronenkomplexen, Gehirnen.

(Gerhard Vollmer, Jg. 1943,
deutscher Physiker und Philosoph)

5. Psyche und Physis – nur als Einheit leistungsstark

Dan McLaughlin (ein neuerdings bekannter
Name in der Golferszene) glaubt und folgt der
(spekulativen) These, dass jeder normal begabte
Anfänger mit 10'000 Trainingsstunden (gleich-
gültig in welcher Sportart) «Professional» werden kann. McLaughlin entschied sich, dieses
Experiment zu wagen, wählte Golf als Sportart
und startete damit am 5. April 2010. Bis Ende des
Jahres 2014 brachte er es auf 5735 Trainingsstunden, ein Handicap um 3.0 herum und hofft, 2018
auf der US-Tour dabei zu sein (www.thedanplan.
com). Diese nicht näher fundierte These hinter-
lässt auf den ersten Blick den Eindruck, dass der
Mensch ein gefühls- bzw. emotionsloses Wesen

ist, ein Wesen, das wie eine Maschine funktioniert. Gewollt oder ungewollt «suggeriert» die These, dass sportliche (Top-)Leistungen unabhängig von mentalen Zuständen und Prozessen erbracht werden können. Eine Deutung, die von McLaughlin (mit)verschuldet wird, rechnet er doch den zeitlichen Aufwand, den er abseits des Golfplatzes mit mentalem Training und dergleichen mehr verbringt, nicht zu den 10'000 Trainingsstunden.

Sieht man von der Originalität und der spekulativen Stundenanzahl dieser These einmal ab, bieten weder die These noch ihre Umsetzungsart, ausser dass vielleicht «golfromantische Positionen» ein wenig «erschüttert» werden, irgendwelche besonderen Erkenntnisse. Sportliche wie auch andere Leistungen können nicht nur auf das Physische reduziert werden. Dies trifft natürlich auch auf das Experiment von McLaughlin zu. Man denke beispielsweise nur an die Selbstdisziplin, die Dan McLaughlin täglich und über Jahre hinweg aufbringen muss, um diese Herausforderung durchzustehen. Ohne die «mentale Kraft», sich derart disziplinieren zu können, hätte er wohl seinen Versuch schon längstens aufgegeben. Leistungserbringung nur auf das Physische begrenzen zu wollen, wird dem Menschen fraglos nicht gerecht, es verfehlt diesen als psychophysische Einheit. So wie Gefühle, Emotionen und Vernunft einander bedingen, korreliert auch das psychische Gesamt mit physischen Vorgängen.

Das «Zusammenwirken» dieses psychischen und physischen Geschehens möge vorab anhand einer kleinen, praxisnahen Episode aus dem Golferleben des deutschen Professionals Martin Kaymer noch kurz veranschaulicht werden. Martin Kaymer, Jg. 1984, war 2011 für 8 Wochen Weltranglistenerster. Später fiel er bis auf Rang 63 zurück und war per Ende 2014 – nach Überwindung einer gut zweijährigen Durststrecke und nach Siegen am Players Championship und am US Open – wieder als 12. im «Official World Golf Ranking» klassiert. Auf seinem Weg zurück hat er hart gearbeitet, so hart, bis sogar (wie von seinem Caddie bestätigt) seine Hände bluteten. Dieses harte Training alleine (der physische Aspekt) hat aber den Erfolg nicht zurückgebracht. Dieser hat sich erst eingestellt, nachdem Kaymer zum Schluss kam, seine Verbissenheit aufzugeben, möglichst wenig nachzudenken, weniger zu grübeln und das Spiel locker(er) anzugehen. Oder wie er selber sagte, seit es im Kopf «klick» gemacht hat; mit anderen Worten, seit im Kopf auch die psychische Wirkungsseite «adäquat eingestellt» wurde.

Dies alles bestätigt grosso modo die Trivialität, dass auch sportliche Leistungen von der Qualität des Zusammenwirkens von Psyche und Phy-

sis abhängen. Um dieses psychophysische Inter-
agieren in etwa gedanklich nachvollziehen zu
können, muss man sich von den dualistischen
Funktionsmodellen des Menschen – auch wenn
diese nach wie vor «tonangebend» sind – loslö-
sen können; man muss sich von jenen Modellen
«verabschieden», die ein Nebeneinander von
Psyche und Physis behaupten, wie auch von jenen Wechselwirkungstheorien, die nicht «zeit-
gerecht-wissenschaftlich» argumentieren. Dua-
listische Modelle und Theorien basieren zumeist
auf verklärten und idealistischen Annahmen,
die der «gedanklichen Purzelbäume» bedürfen,
will man das Zusammenwirken psychischer und
physischer Prozesse zu erklären versuchen.

Das (interagierende) psychophysische Geschehen
wird erst dann verständlich, wenn der Mensch
evolutionsgesteuert begriffen wird, wenn ak-
zeptiert wird, dass nebst dem Physischen auch
geistige, mentale Zustände und Prozesse wie
Bewusstsein, Denken usw. Ergebnisse der Phy-
logenese, Ergebnisse der (biologischen) Evolution
des Homo sapiens sind. Dadurch wird erklärlich,
dass mentale Funktionen (wie schon früher erwähnt) an neuronale Strukturen gebunden sind,
dass das Psychische nicht losgelöst von neuro-
nalen Prozessen (von chemisch-physikalischen
Vorgängen) gedacht werden kann, so wenig wie
auch physische Prozesse nicht ohne mentale Be-
einflussung und Steuerung denkbar sind. Psyche

und Physis bilden nicht unterschiedliche Seins-
bereiche, sie sind eine evolutionsbedinge psychophysische Einheit, die – im Kontext systemischer,
synergetischer Aspekte usw. – Voraussetzung
dafür ist, um das psychophysische Zusammenwirken überhaupt optimieren zu können, sodass
bestmögliche und leistungsstarke Ergebnisse er-
zielt werden können.

Dieses psychophysische «Konstrukt» bzw. Geschehen ist also Bedingung dafür, dass Leistungen, ergo auch golferische Leistungen,
erfolgreich(er) gestaltet werden können. Um das
Golfspiel verbessern zu wollen, genügt es folg-
lich nicht (obwohl unabdingbar), so oft wie nur
möglich auf die Driving Range zu gehen, um
Schwung, Chip, Pitch, das Putten usw. zu üben.
Will man in den «Golfolymp» der Hobbygolfer
aufsteigen, ist – den psychophysischen Wech-
selwirkungen zufolge – auch ein äquivalentes
Mentaltraining erforderlich, soll der Ball der ge-
dachten (im Geiste vorgestellten) Puttlinie oder
Flugbahn folgen usw. Man kommt auch beim
Golfen nicht umhin, mentale «Funktionsberei-
che» zu nutzen und sie zu trainieren. Das ist
nichts Neues. Eher ungewöhnlich dürfte lediglich die (evolutionsorientierte) Fundierung des
Menschen als psychophysische Einheit sein, um
darauf gestützt (undogmatisch und aufgeklärt)
menschliches Funktionieren besser deuten zu
können.

Psychisch orientierte «Trainings-Efforts» sind bei Golfern, verglichen mit den technischen Trainingseinheiten, zumeist weniger beliebt, sei es «drum», weil viele dieser mentalen Hilfestellungen unwissenschaftlich und lebensfremd «daherkommen» oder weil Hobbygolfer (im Gegensatz zu Spitzensportlern) weniger «geschickt» mit solchen «Mentaltechniken» umzugehen verstehen. Wie auch immer, für gewöhnlich genügt im golferischen Alltag auch schon der «Spass an der Freud», um erfolgreich(er) zu sein. Spass und Freude an dem zu haben, was man tut (also auch am Golfspielen), ist ein erster und zentraler, von Spitzensportlern bestätigter Erfolgsfaktor.

Wir meinen, das Märchen und das Spiel gehöre
zur Kindheit: wir Kurzsichtigen!
Als ob wir in irgendeinem Lebensalter
ohne Märchen und Spiel leben möchten!

(Friedrich Nietzsche, 1844–1900,
deutscher Philologe und Philosoph)

6. Golf: Spiel oder Sport?

Spiel und Sport sind nicht eindeutig voneinander
abgrenzbar. Beide Begriffe stehen vorrangig für
Aktivitäten, die zumeist – ihrer selbst willen – als
Freizeitbeschäftigung bzw. als Hobby betrieben
werden und wo das Gewinnen für gewöhnlich,
obwohl immer angestrebt, nicht das (allein) Ent-
scheidende ist. Andererseits werden Spiel und
Sport auch berufsmässig ausgeübt und dienen
den Berufssportlern und -spielern als Verdienst-
und Einnahmequellen. Dies ist besonders au-
genfällig bei Trainern, Sport-Coaches, bei Spitzensportlern und professionellen Spielern usw.,
für die – im Gegensatz zu den Hobbysportlern
und -spielern – der Erfolg und das Gewinnen das
«Mass aller Dinge» sind. Daher gilt auch für viele
dieser «Profis» der Leitsatz: «Winning isn't eve-
rything; it's the only thing», von Vince Lombar-

di (1913–1970), einem American-Football-Trainer, der dieses Bonmot (in Anlehnung an ähnliche Aussagen) um ca. 1960 formuliert haben soll.

Trotz vieler Analogien sind gleichwohl auch differenzierende Aspekte zwischen Sport und Spiel auszumachen. So ist zum Beispiel der Spielbegriff, im Vergleich zum Sportbegriff, umfassender und daher dem Sportbegriff übergeordnet, gehören doch zu den Spielen – nebst den Sportspielen – auch Theaterspiele, das Schachspiel, Glücksspiele, Computerspiele usw., die gemeinhin nicht als Sportarten gelten. Zum anderen werden (Spitzen-)Leistungen im Sportgeschehen ganz anderes kultiviert als solche im Spielgeschehen. Sportliche (Top-)Leistungen werden häufig (so auch im Golf) glorifiziert, sie faszinieren die Menschen bis hin zur Identifikation mit ihren Leistungsträgern. Und sportliche Grossereignisse, wie zum Beispiel der Ryder Cup oder die Tour de France usw., werden als mythische Dramen inszeniert und verehrt, wie es Spielereignissen (vor allem nicht sportlicher Art) fast nie zuteilwird.

Diese wenigen Sport-Spiel-Fingerzeige deuten an, dass sportliche (Spitzen-)Leistungen – in Gesellschaft und Kultur, bei den Medien usw. – ungleich gewichtiger ankommen als vergleichbare Leistungen aus den Spielbereichen; die Ausführungen weisen darauf hin, dass der Sportbegriff in summa wesentlich leistungsorientierter verstanden wird denn der Spielbegriff. Eine Feststellung übrigens, die Hobbygolfer – und sei es nur der (persönlichen) Neugierde zuliebe – dazu ermuntern könnte, über ihre individuellen Leistungsziele beim Golfen mal (kritisch) nachzudenken. So zum Beispiel darüber, ob das eigene Golfen eher einer permanenten «Jagd» nach einem tiefen Handicap gleichkommt, ob allenfalls andere Leistungsziele bzw. Bedürfnisse vorliegen, die man mit Hilfe des Golfspiels zufriedenstellen möchte, oder ob das Golfen doch letztlich dem «Spass an der Freude» gilt usw. «Handicap-Jagd» (der sportliche Aspekt) und «Spielspass» (der spielerische Aspekt) seien in der Folge noch korrelierend skizziert, um darauf gestützt dem Spielerischen beim Golfen das Wort zu reden.

Das Handicap-System des Golfsportes – ein aussergewöhnliches «Ordnungsschema» – ermöglicht den Leistungsvergleich mit Golfern gleicher oder unterschiedlicher Spielstärke und schafft dadurch (zumindest bis zu einem gewissen Grade) Chancengleichheit wie auch faire Bedingungen für das Spiel. Dieser Leistungsvergleich, gemessen am Handicap, ist ein starkes Motiv, sich selbst und andere übertreffen zu wollen. Ein solches Vergleichsstreben kann aber auch leicht zum Problem werden, wenn der Hobbygolfer sich einzig und allein auf die handicapbezogene «Leistungserbringung» fokussiert, wenn er, mit

motivational bedingter Rigidität bzw. Verbissenheit, diesen Vergleich «austrägt». Natürlich gibt
ein derartiges «Leistungsverhalten» dem Spiel
eine «sportliche Note», kann aber für den Golfer wie auch für seine Mitspieler äusserst stres-
sig und unangenehm werden. Dies ist besonders
dann der Fall, wenn das rigorose Streben nach
Verbesserung des Handicaps sich zum Beispiel in
Form von Schummeleien äussert, im «Ausleben»
von Frust infolge Nichterreichung der Vorsätze
oder im wiederkehrenden Gejammer über den
Berechnungsmodus des Handicaps usw. mani-
fest wird.

Wie nun auch immer die «Jagd» nach besserem
Handicap gestaltet wird, zu guter Letzt bleibt
sie (von Regelbrüchen abgesehen) eine individuelle Ermessenssache. Dennoch sollte bedacht
werden, dass eine «strenge» Leistungsorientie-
rung die Gefahr in sich birgt, dass die Freude am
Spiel, die Entspannung im geselligen Kreis usw.
womöglich auf «der Strecke» bleiben, dass der
Spielspass, als Erfolgsfaktor und ursprünglicher
«Angelpunkt» des Golfens, «aus dem Spiel» ge-
nommen wird. Um solches zu verhindern, um
verstärkt das Spielerische und den Spass statt
den Leistungszwang zu fördern, kennt man im
Golf seit jeher eine breite Auswahl an «spielerischen Varianten». Beispiele dafür sind unter anderem «Foursome», «Scramble», «Round Robins»
(3 Spiele über je 6 Löcher), «Bestball-Match» usw.,

die alle geeignet sind, den spielerischen Fokus zu unterstützen und der Verbissenheit zu trotzen, weshalb solche Varianten in «friendly games» vermehrt favorisiert werden sollten. Auch in den Turnierkalendern sollten turnierfähige Spielvarianten viel häufiger berücksichtigt werden.

Den «Spass an der Freude» wieder verstärkt im Fokus sehen zu wollen, ist auch das zentrale Thema einer aktuellen und innovativen Bewegung, die sich «Hack Golf» nennt. Ihre Aussage: «Hack Golf is a pioneering initiative aimed at making golf more fun for everyone» (www.hackgolf.org), belegt, dass die Initianten und Gründungspartner von «Hack Golf» – TaylorMade und PGA of America – den spielerischen Moment fördern möchten, dass sie den Spass am Golfen stärker gewichten möchten. Aus der Ideenvielfalt (nicht nur dieser Initiative) dürfte der Versuch, den Durchmesser der Löcher auf 38 cm zu vergrössern, die wohl auffälligste Massnahme für mehr Spielspass sein. Warum nicht auch solchen Neuerungen eine faire Chance geben? Oder mit dem deutschen Sprichwort – angelehnt am Hexameter (Versform) des römischen Dichters Horaz (65–8 v. u. Z.) – gesagt: «Frisch gewagt, ist halb gewonnen.»

Doping ist der Kunstdünger
menschlicher Leistungskraft.

(Werner Schneyder, Jg. 1937, österreichischer
Kabarettist, Autor und Sportkommentator)

7. Doping im Golfsport und Diffuses rund um das Doping

Doping im (Profi-)Golf scheint prima vista (noch)
kein grosses Thema zu sein. Gleichwohl gibt es
auch im Golf Dopingfälle, die aufhorchen lassen.
Man erinnere sich an das Eingeständnis von Vi-
jay Singh (ehemaliger Weltranglistenerster), der
zugegeben hat (wider besseres Wissen), Wachs-
tumshormone eingenommen zu haben. Auch
das verstärkte Eintreten von Insidern und Ver-
bänden, Doping- und Drogentests im Golfsport
«energischer» durchführen zu wollen, deutet
auf eine erkannte, vermutete oder formale Not-
wendigkeit hin. Dies führt unter anderem dazu,
dass die nationalen Golf-Verbände kaum mehr
zögern, die jährlich angepasste Dopingliste der
«Welt-Anti-Doping-Agentur» (WADA) anzuer-
kennen wie dergleichen mehr, sodass in summa
die Unschuldsvermutung für (Profi-)Golfer als
aufgehoben gelten muss. Und so interessiert noch

die Frage nach den golfsportspezifischen Dopingmitteln. Kurz und bündig gesagt, gehören zu den einfachsten Mitteln in erster Linie Betablocker wegen ihrer stresshemmenden Wirkung und Anabolika, die Kraft und Muskelbildung fördern und so auch im Golfsport zur Leistungsverbesserung beitragen können.

Was versteht man nun aber gemeinhin unter Doping bzw. unter einem Dopingverstoss? Die WADA definiert Doping als einen (ein- oder mehrmaligen) Verstoss gegen die Anti-Doping-Regeln, die in acht Artikeln festgehalten sind und auf die Auflistung der verbotenen Substanzen und Methoden Bezug nehmen. Mit anderen Worten: Beim «Doping» geht es um Verbesserung der eigenen (naturgegebenen) Leistungsfähigkeit mit Hilfe von wirksamen Medikamenten, Mitteln und Methoden. Sind diese Substanzen und Methoden im WADA-Dopingverzeichnis gelistet, so ist ihre Verwendung verboten; wird (nachweislich) dagegen verstossen, liegt eine Dopingverfehlung vor.

Und was lässt sich daraus folgern? Zum einen, dass es offenbar eine nicht staatliche Organisation gibt, die Substanzen, Referenzwerte und Methoden als Doping definiert, deren Einnahme oder Nutzung, unter Androhung von Sanktionen, verboten sind. Zum anderen ist indirekt ableitbar, dass die Bestimmung der verbotenen

Substanzen, Methoden und deren Grenzwerte, die per definitionem als Doping (als Leistungsmanipulation) gelten – organisch, kulturell, sportethisch usw. betrachtet –, äusserst ambivalent sein muss. Diese Fraglichkeit erklärt sich unter anderem durch den Sachverhalt, dass Doping (respektive Leistungsmanipulation, Leistungsverzerrung) vor allem als «Kontra» zu Chancengerechtigkeit bzw. zu Chancengleichheit verstanden wird. Zu Termini also, die keine absoluten Werte sind, die relative Qualitäten des Miteinanders umschreiben, deren Sinngehalte zum Teil schwer fassbar und noch schwieriger umzusetzen sind usw., weshalb die gesamte Dopingregulierung zwangsläufig diffus wirkt. Um diese Diffusität ein wenig zu veranschaulichen, sei sie in der Folge anhand von einfachen und praxisbezogenen Fragen und Beispielen andeutungsweise kurz skizziert.

Vorweg: Erwächst Ungleichheit – etwas ironisch hinterfragt – nicht schon dort, wo der familiäre Umkreis und die Zufälligkeit des Lebensraumes usw. different sind? Und setzt sie sich nicht darin fort, dass die verfügbare Zeit, um zu trainieren oder zu lernen, zumeist ungleich ist? Und wie steht es mit der Gleichheit hinsichtlich der finanziellen Mittel, der vergleichbaren Trainingsmöglichkeiten, der Art der Betreuung oder entsprechender Ausbildungsmöglichkeiten? Und was lässt sich dem fordernden Motto «citius, altius, fortius – schneller, höher, stärker», welches auch Leitgedanke für die Teilnehmer an Olympischen Spielen ist, «abgewinnen» usw.?

Stellvertretend für viele andere Leistungsziele lässt sich dem Motto «schneller, höher, stärker» die Einsicht abgewinnen, dass dieser Leitgedanke einem «überlebensadäquaten Antrieb» gleichkommt, einem Stimulus, der uns allen, wenn auch different ausgeprägt, immanent ist und der nicht einfach per Anordnung für alle gleich einvernehmlich reguliert oder bestimmt werden kann. Damit wird unter anderem erklärbar, wieso (auch) Hobbysportler, Businessleute usw. – der Prozentsatz sei dahingestellt – zwecks Leistungssteigerung (sinnverwandt mit schneller, höher, stärker) zum Beispiel aufputschende Grippemittel einnehmen oder Hustensirup trinken, wieso zum Asthmaspray gegriffen wird oder Schmerzmittel geschluckt werden. Und schmerzt der Rücken, das Knie, der Tennis- oder Golfarm und möchte man trotzdem an den Clubmeisterschaften teilnehmen und gar Clubmeister werden oder steht eine wichtige Businessveranstaltung an, so hilft wohl die «(Cortison-)Spritze» usw.

Dass Kaffee (Koffein) ab einer bestimmten Menge zum Doping wird, die Einnahme von Kreatin hingegen, eine Substanz, die Muskelbildung und Muskelkraft fördert, ohne Einschränkungen erlaubt ist, zeigt an einem harmlosen Beispiel die

Zwiespältigkeit der dopingrelevanten «Grenzzie-hung» von Substanzen und Dosis. Auch warum ungleiches Material, man denke hierbei an Ski-, Bob- oder Motorsport usw., welches einen Athle-ten (falls er über besseres, angepasstes Material verfügt) leichter, häufiger oder überhaupt siegen lässt, nicht «konsequenter» abgegrenzt wird, ist und bleibt diffus. Und kaum nachvollziehbar ist der Fakt, dass über «simulierte Krankheiten» dopingmässig einfach hinweggesehen wird, ob-wohl diese «trickreichen Vorgehensmuster» bes-tens bekannt sind usw.

Und zu guter Letzt noch ein weiterer Aspekt, mit dem die Dopingreglementierung immer wieder «verteidigt» wird. Die Dopinginstanzen wol-len selbstschädigendes Verhalten der Athleten verhindern; natürlich eine «Fürsorge», der man zustimmen kann. Nur leben wir heute in einer Zeit, in der die Wahrnehmung von Selbstver-antwortung «grossgeschrieben» wird; Selbstver-antwortung ist das Credo unseres Arbeits- und Lebensalltages und darf auch konsequent ein-gefordert werden, weshalb die «gesundheitliche Fürsorge» der WADA und anderer Gremien, ge-messen an unserer (aktuellen) Lebensorientie-rung, inadäquat ist. Die «Dopingfürsorge», die mitunter schon fast «religiöse Züge» annimmt, kommt deshalb (in diesem Kontext) einer Bevor-mundung der Athleten gleich. Zum kurzen, be-wertenden Vergleich des Gesagten denke man beispielsweise an Schönheitsoperationen, die gänzlich frei von offiziellen «Fürsorge-Instanzen» durchgeführt werden dürfen, obwohl auch diese Eingriffe (wie beim Doping) mit gesundheitlichen Komplikationen verbunden sein können. Beim Sportlerdoping werden naturgegebene Leistungsgrenzen manipuliert, mit Schönheitsoperationen (teilweise auch erfolgsrelevant) wird hingegen Attraktivität manipuliert. Obschon verschieden in der Verfahrensweise, sind diese beiden «Geschäftspraktiken», hinsichtlich ihrer «manipulativen Handhabung» zur Verschaffung persönlicher Vorteile, sinngemäss vergleichbar; und trotzdem werden generell nur «Sportler» verfolgt und bestraft, wenn sie sich (via Doping) persönliche Vorteile verschaffen.

Diese wenigen Hinweise (Fragen, Beispiele, Andeutungen) offenbaren nicht nur die Diffusität und Fraglichkeit der Dopingreglementierung, sie erinnern ebenso sehr daran, dass – nebst dem Spitzensport – auch in den Hobby-Sportarten, im Business- und Berufsalltag usw., also überall dort, wo es auf die Leistungen, auf das Aussehen, auf die Darbietung usw. ankommt, seit eh und je der Einzelne versucht ist, der jeweils Bessere zu sein. Dieses Streben, diese «Manie» ist evolutionär fundiert, erklärt sich aber zeitbezogen auch aus kulturellen und gesellschaftlichen Zwängen heraus, ist teilweise medial gelenkt, von unserem Konsumverhalten beeinflusst wie von vielem anderem mehr. Um also dem Phänomen Doping beizukommen, ist es unabdingbar, zuallererst die Ursachen- und Beeinflussungsvielfalt des Strebens nach Erfolg aufgeklärt und objektiv zu thematisieren, um darauf gestützt zu angemessenen, lebensnahen, praktikablen, nicht sozialromantischen Denkhaltungen über Doping zu gelangen sowie einen (allfälligen) «Paradigmenwechsel» nicht zu scheuen.

Fairplay – im Golfsport stark verankert – wird grundsätzlich von jedem Sportler erwartet. Fairplay muss aber ebenso von den Dopinginstanzen und Gremien erwartet werden, die den Sportlern bezüglich des Fairplay auf die «Finger» schauen. Will man den aktuellen Status quo der Doping-Handhabung fair beurteilen oder bewerten, darf man Manipulationen mit Doping nicht nur aus der Sicht der Dopingfahnder betrachten!

Man sollte Sport treiben,
ohne vom Sport getrieben zu werden.

(Gerhard Uhlenbruck, Jg. 1929,
deutscher Immunbiologe und Aphoristiker)

Epilog

Aus Sicht pragmatischer, aufgeklärter Philosophie «begnügen» sich die Denkanstösse im Wissen, dass Erkenntnisse nur als wahrscheinlich charakterisierbar sind; auch erheben sie keinen Anspruch, wenn auch kontextuell originär, Neues vermitteln zu wollen. Die Ausführungen sollen und wollen den Golfspielern lediglich einen kurz gefassten, sportphilosophisch orientierten Abriss «in die Hand» geben, der sie ermuntern sollte, über Hintergründe, Leitlinien, Eckpfeiler und gängige Sichtweisen des Golfens – aus einer eher unüblichen Warte – mal kritisch und unkonventionell nachzudenken. Denn Begeisterung – wie im Golfspiel oft erlebbar – nötigt, der Vernunft folgend, auch irgendwann zur Reflexion, oder mit dem Schriftsteller und Dichter Heinrich Heine (1797–1856) gesagt: «Doch kann man mit Begeisterungsschätzen nicht die Besonnenheit ersetzen.»

Kritisches Reflektieren über den Golf-Alltag sollte (mit)helfen, dass der «Spirit of the Game (of
Golf)» wieder vermehrt beachtet wird, dass man
sich dieses «Spirits» wieder bewusst(er) besinnt
und sodann auf Verhaltensmuster wie pedanti-
sches oder «elitär-golferisches» Getue verzichtet,
der «hofierten Komplexität» und dem golferischen «Mainstream-Denken» kritisch entgegen-
tritt usw. «Reflektierte Besonnenheit» sollte dazu
beitragen, dass das Golfen – losgelöst von jed-
weder Mystik und störender Profilierung – vermehrt wieder zum Spiel wird, bei dem (ohne Verbissenheit) in fairer und kollegialer Atmosphäre
und vor allem aus «Spass an der Freude» versucht
wird, einen kleinen Ball, via viele kleine «Heraus-
forderungen», in ein kleines Loch zu spielen.

Zeitfracht Medien GmbH
Ferdinand-Jühlke-Straße 7
99095 Erfurt, Deutschland
produktsicherheit@kolibri360.de